This book belongs to :

....

Thanksgiving Riddles

Can you guess it right ?

What should you wear to Thanksgiving dinner?

A: A har-vest

Can you guess it right ?

What is the best thing
to put into a delicious quince pie ?

A : Your teeth

Can you guess it right ?

What always comes at the end
of Thanksgiving?

A : The letter «g»

Can you guess it right ?

What's the most musical part of a turkey?

A : The drumstick

Can you guess it right ?

Which side of a turkey has the most feathers?

A : The outside

Can you guess it right ?

What's a pumpkin's favorite sport ?

A: squash

Can you guess it right ?

Why didn't the turkey eat dessert ?

A: he was stuffed

Can you guess it right ?

Corn has a brother named Pop
what she call him ?

A : popcorn

Can you guess it right ?

Where did the pilgrims land when they came to america ?

A :On their feet

Can you guess it right ?

When did the pilgrims first say " God bless America"?

A :When America sneezed for the first time

Can you guess it right ?

Where do Turkeys go to dance?

A: butter ball

Can you guess it right ?

What smells the best at thanksgiving dinner?

A : Your nose

Can you guess it right ?

What brings you good fortune on Thanksgiving?

A : A wishbone

Can you guess it right ?

What kind of key has legs but can't open a door?

A :A tur-key

Can you guess it right ?

Where does Christmas come before Thanksgiving?

A : in the dictuionary

Thanksgiving Coloring

THANKS
GIVING
DOODLE

Hello
Autumn

HAPPY
Thanksgiving
DAY

THANKS
GIVING
HAPPY
THANKSGIVING

Thanksgiving Mazes

Can you help the squirrel find his way to the acorns ?

Can you help the kid find his way to his candy ?

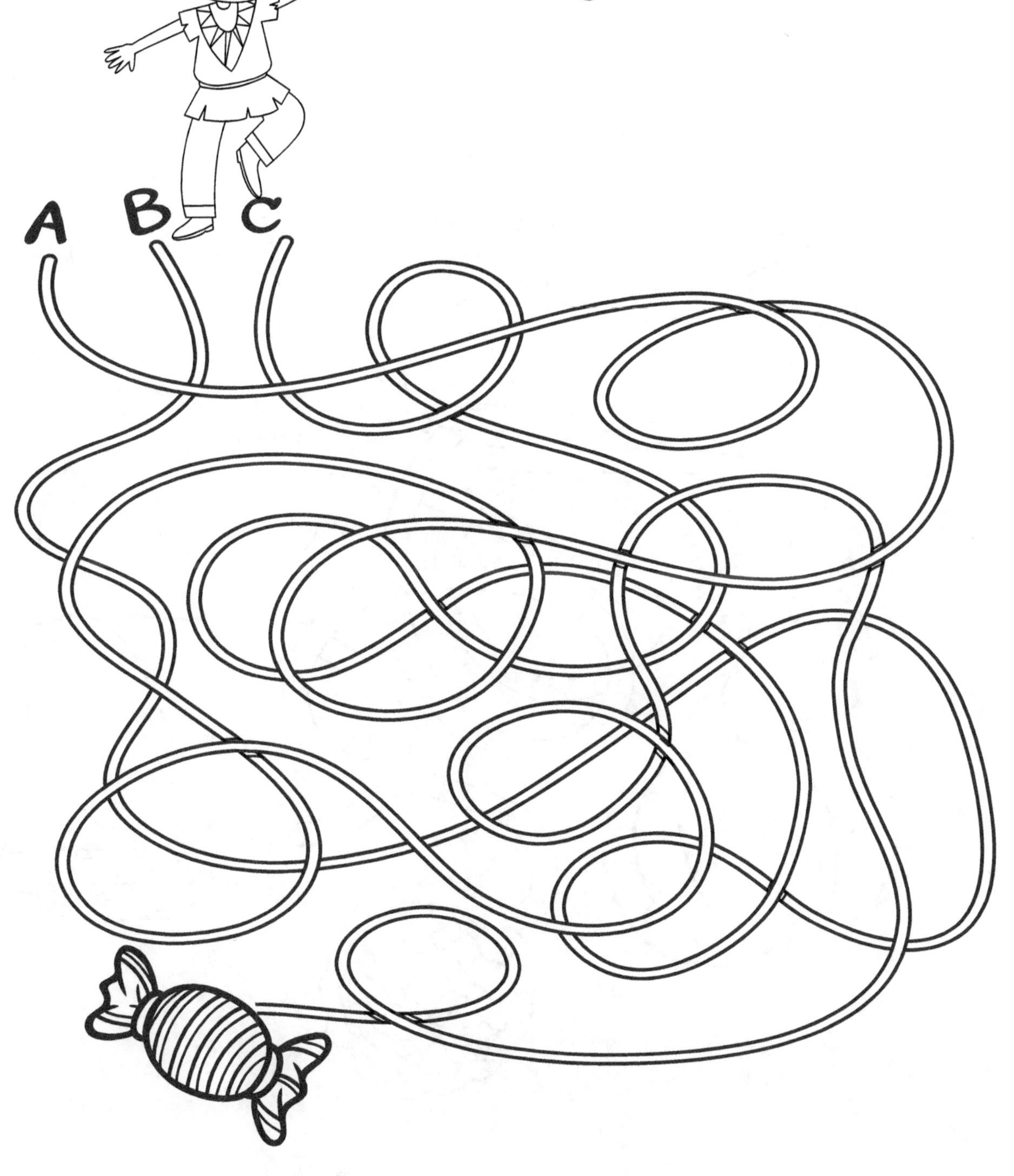

Which road leads to the delicious pie ?

Can you help the kid find his way to the wish bone ?

Can you help the rabbits find their way to their home ?

Let's find the quince!

Can you find your way to the delicious thanksgiving dish ?

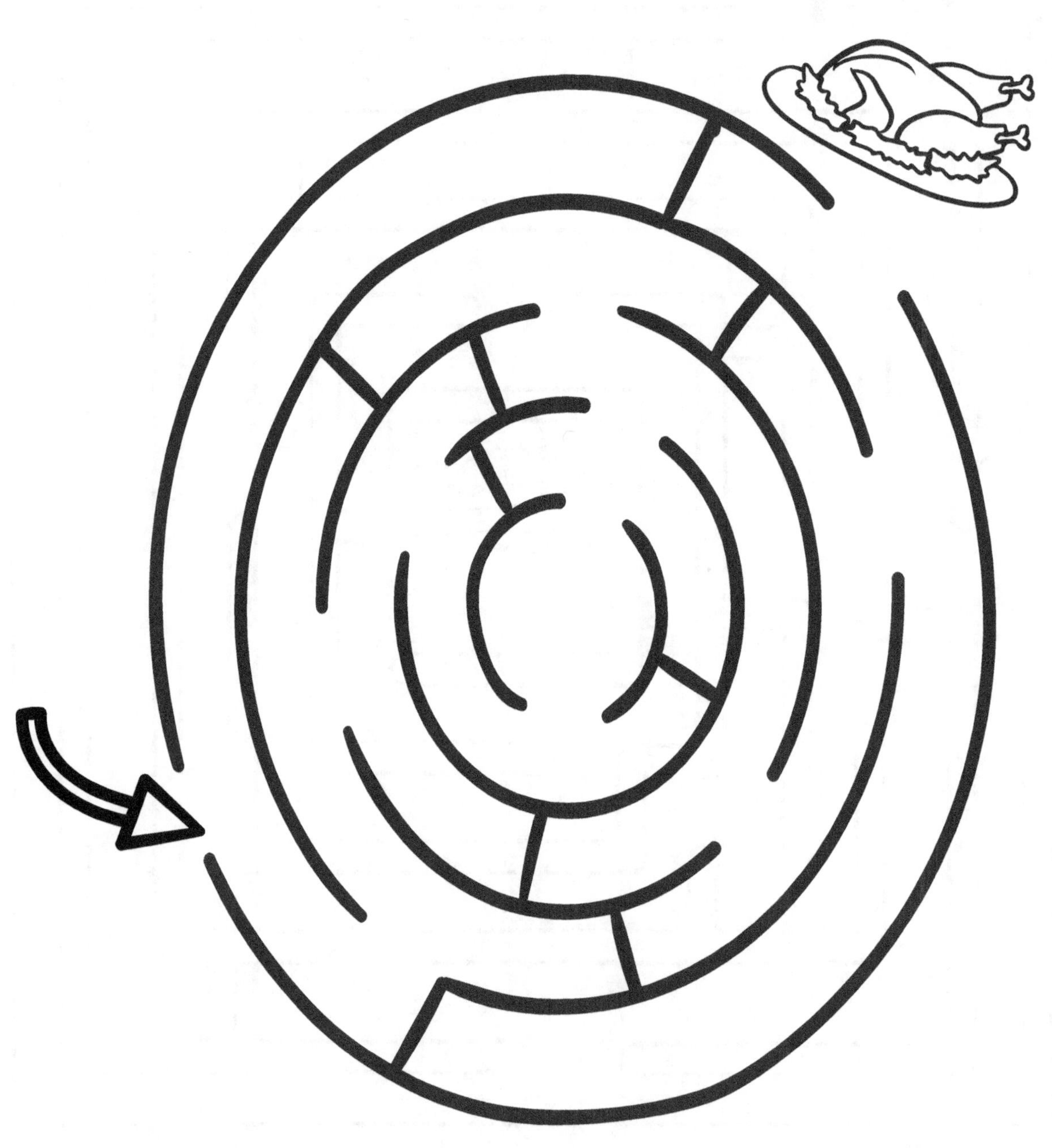

Can you spot the object that starts with A and find your way to it ?

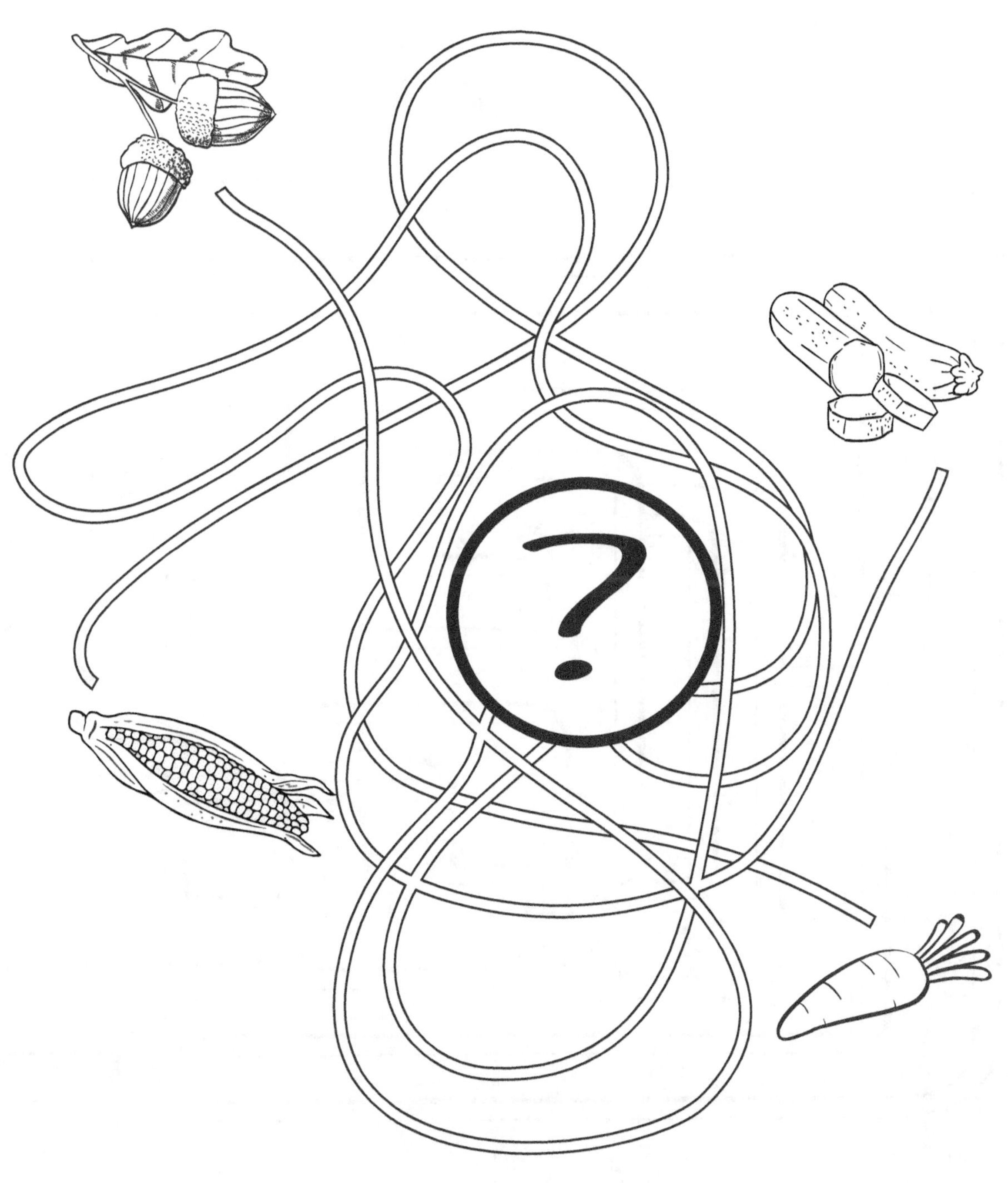

Can you help grandma to find her way to thanksgiving supper?

Can you take the pie to the oven ?

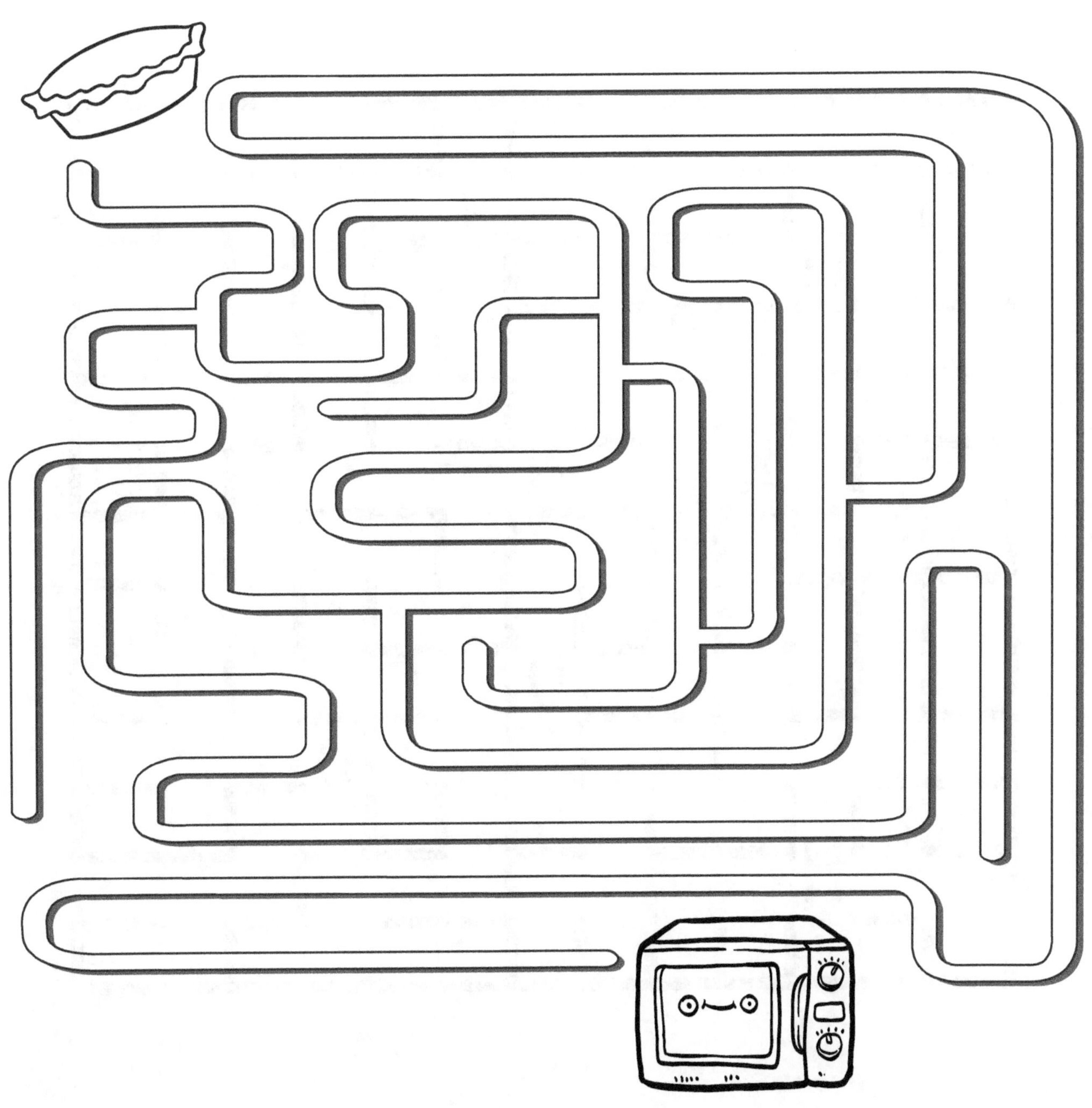

Can you draw a line to connect each letter of the word «THANKFUL» ?

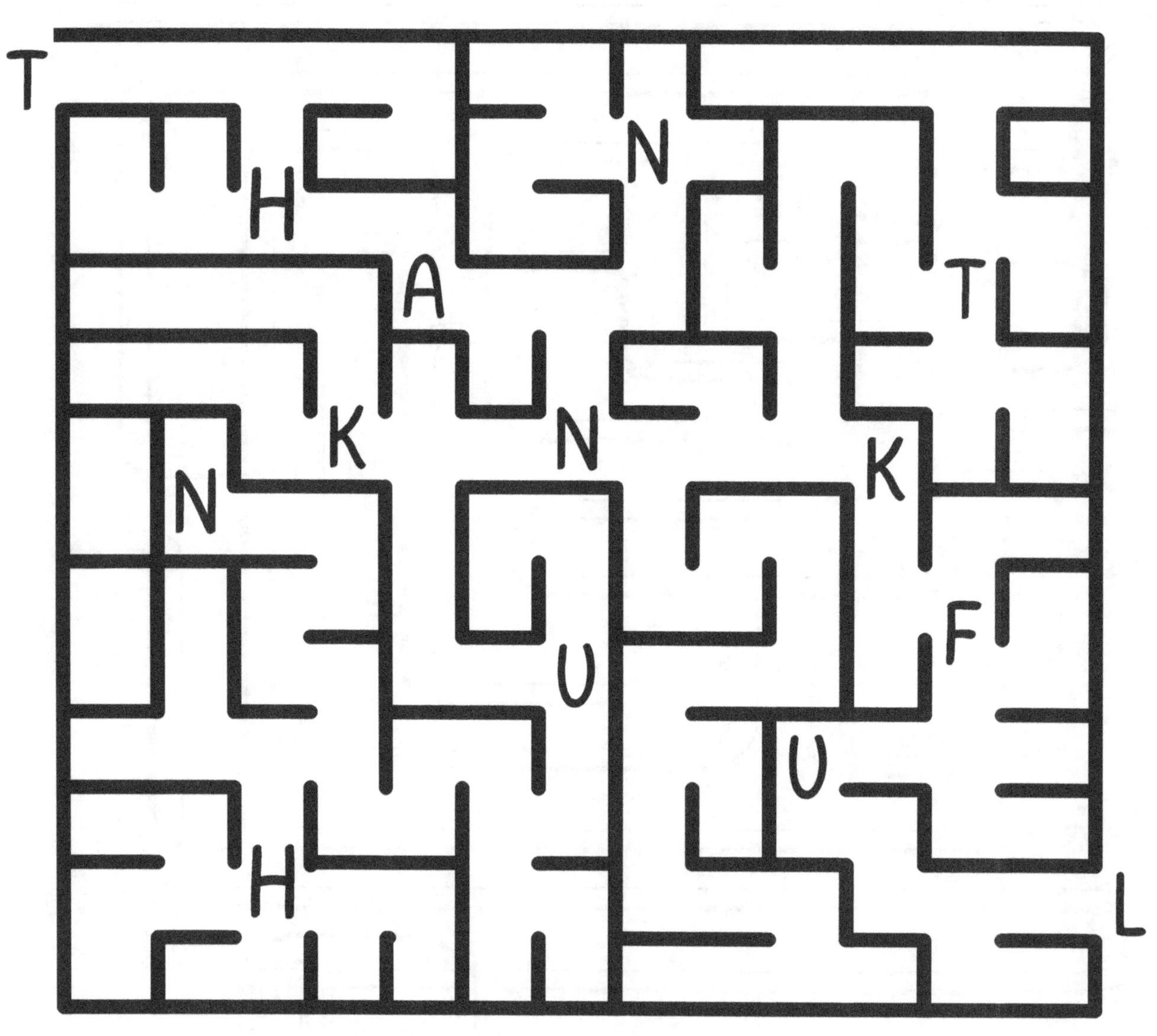

Can you help this turkey to find the way out ?

Can you find the way out ?

Can you spot the vegetable beginning with Z and find your way to it?

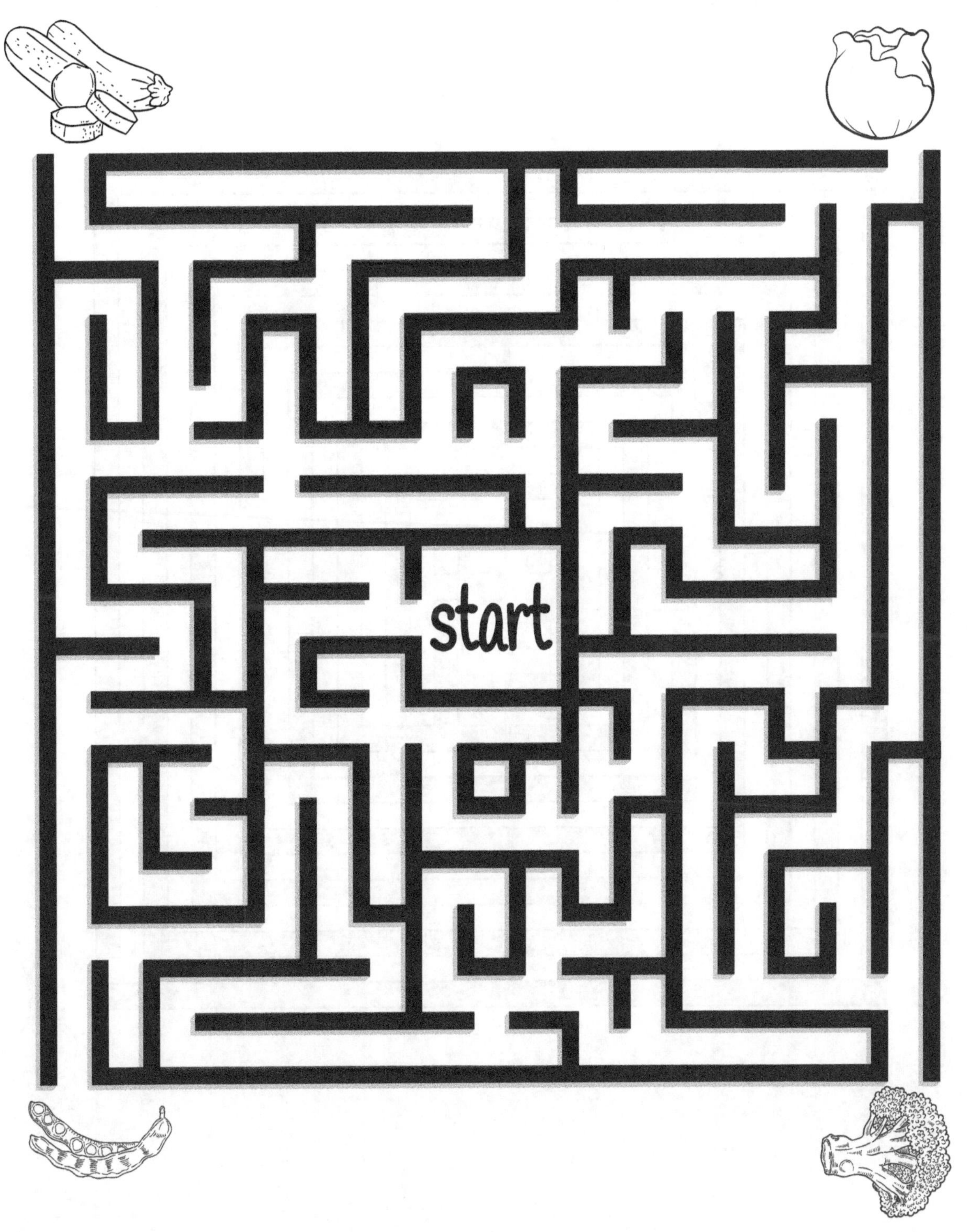

The squirrel is lost again. Can you help once again to find the way out ?

Solutions

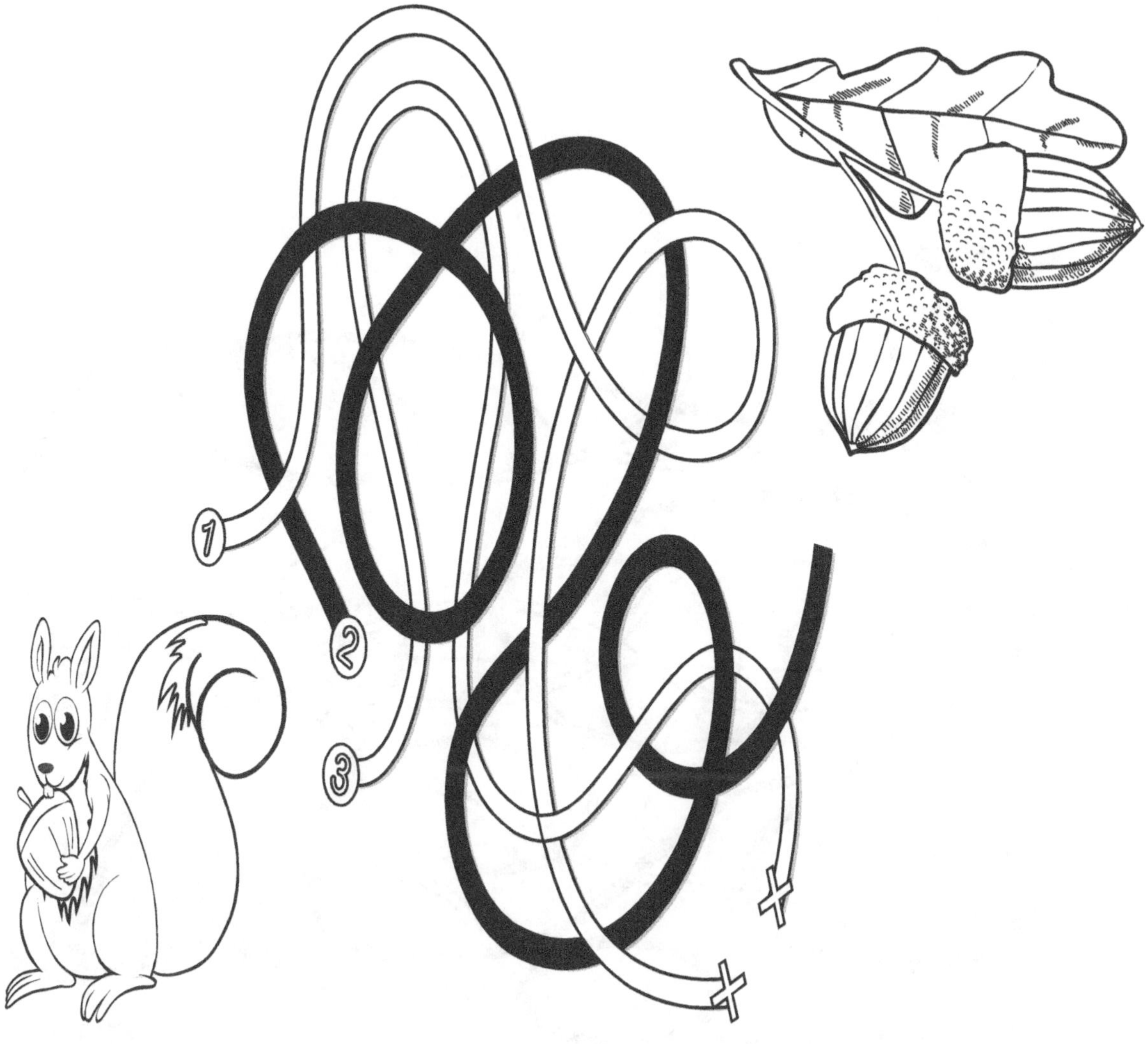

Solutions

Solutions

A   B   C

Solutions

Solutions

Solutions

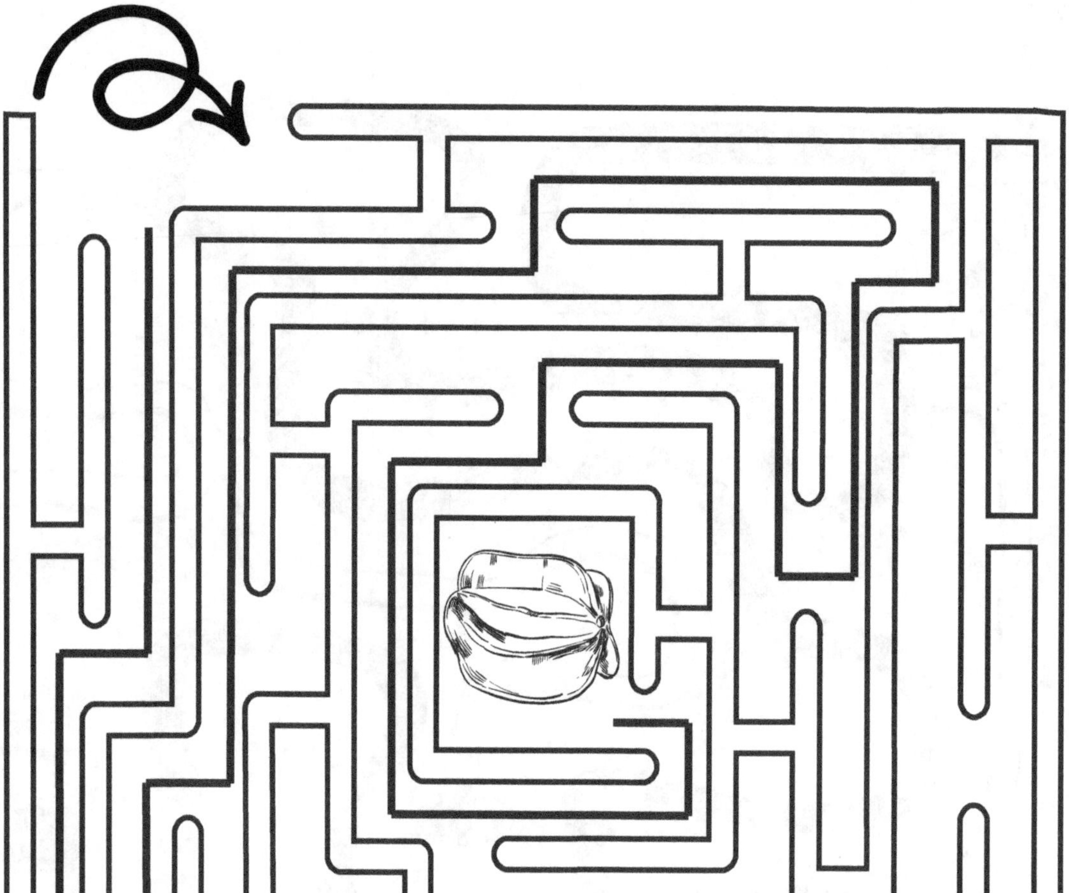

Solutions

Solutions

Solutions

Solutions

Solutions

HAPPY THANKSGIVING

Solutions

Solutions

Solutions

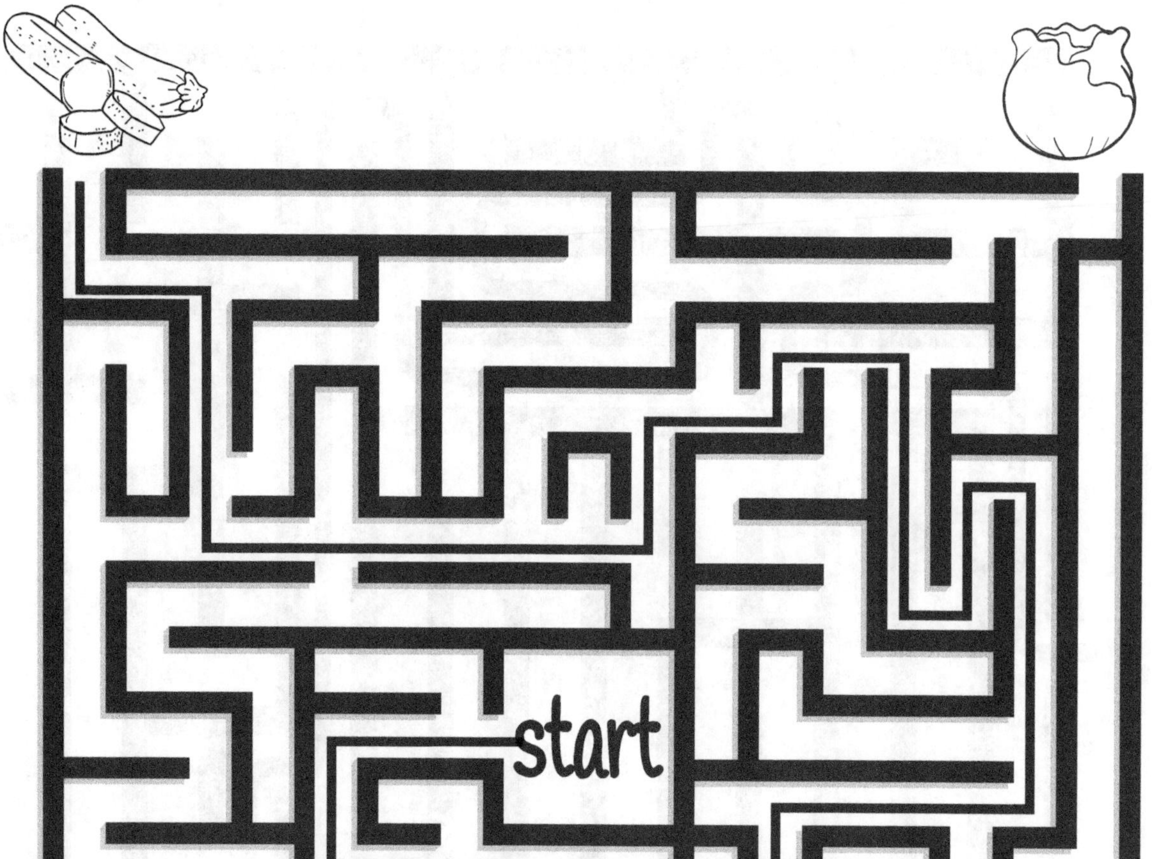

start

HAPPY THANKSGIVING

Solutions

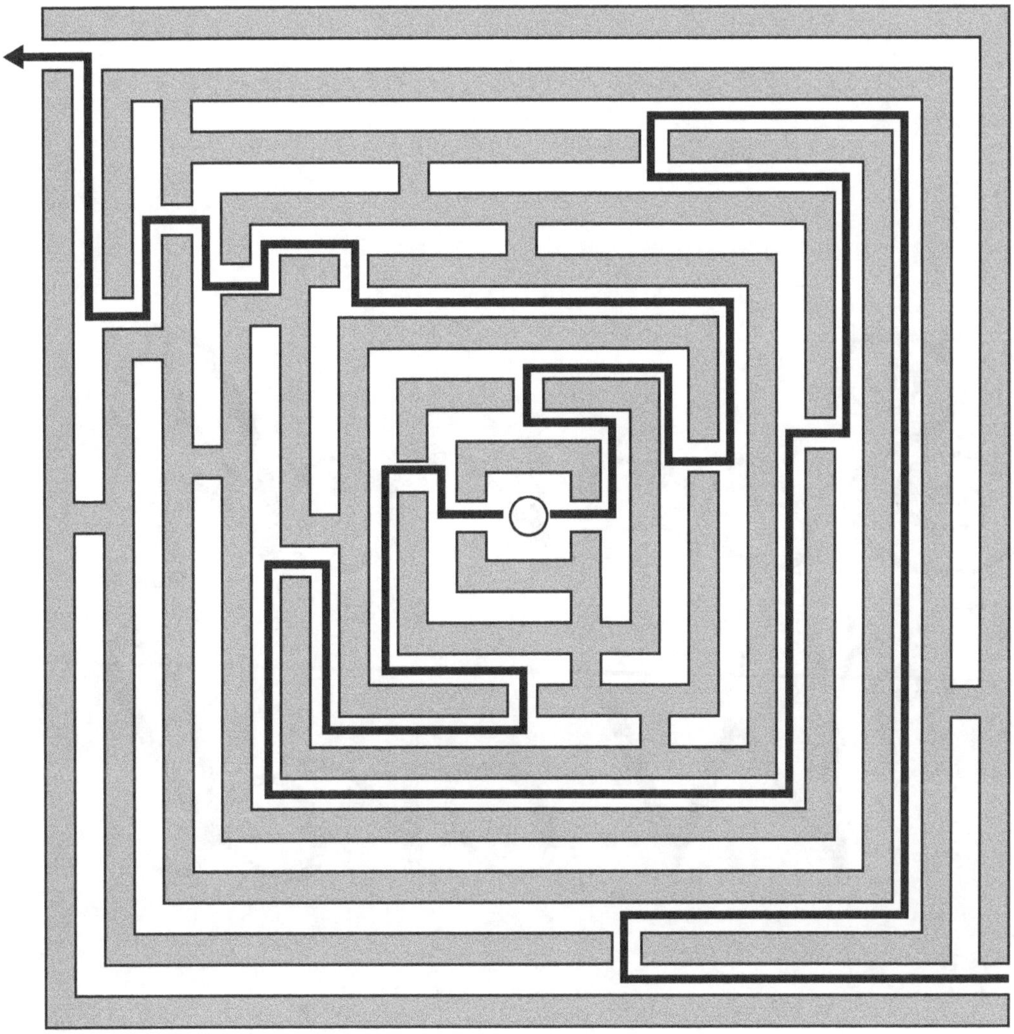

Search Word

①

X	U	E	G	W	J	H	N	Z	F
E	K	U	N	I	F	O	R	M	K
G	S	N	T	A	V	L	E	Y	D
A	M	N	O	E	S	I	T	I	A
T	T	W	M	N	Y	D	N	A	C
H	E	B	A	U	J	A	I	W	Y
E	E	V	T	Y	T	Y	W	P	I
R	W	F	O	O	V	U	U	N	P
Z	S	Q	T	O	R	R	A	C	I
L	W	Y	P	J	M	M	K	X	W

AUTUMN   CANDY
CARROT   GATHER
HOLIDAY   NOVEMBER
SWEET   TOMATO
UNIFORM   WINTER

2

S	S	E	N	D	N	L	P	A	I
N	Q	D	V	R	I	U	T	M	G
E	X	U	O	I	M	S	N	E	N
K	X	C	I	P	T	R	H	R	I
K	A	P	K	R	J	A	M	I	V
O	A	I	C	O	R	N	N	C	I
W	N	E	D	M	X	E	K	A	G
B	J	S	E	N	Y	H	L	N	P
S	K	N	A	H	T	B	F	E	E
A	R	E	N	I	B	G	S	N	J
W	N	E	D	M	X	E	K	A	G
B	J	S	E	N	Y	H	L	N	P
S	K	N	A	H	T	B	F	E	E
A	R	E	N	I	B	G	S	N	J

ACORN
CORN
GIVING
PIE
SQUIRREL

AMERICAN
DISH
NATIVE
PUMPKIN
THANKS

③

E	S	S	U	D	G	C	T	D	L
D	S	H	M	C	N	M	S	E	D
N	I	O	O	E	I	N	A	S	N
G	Y	R	O	L	V	V	E	S	B
M	K	S	E	G	I	I	F	E	A
X	F	K	I	W	G	D	Z	R	I
I	A	H	R	M	S	H	A	T	G
C	D	U	C	K	K	P	A	Y	Z
I	P	I	W	O	N	M	C	M	N
F	F	D	O	T	A	T	O	P	U
A	T	R	F	H	H	R	W	S	Q
J	V	B	J	I	T	B	I	T	U
V	E	G	E	T	A	B	L	E	S
W	Q	Z	T	J	H	W	Y	I	V

CAKE

DUCK

GOOSE

HOLIDAY

THANKSGIVING

DESSERT

FEAST

HAM

POTATO

VEGETABLES

E	H	V	W	K	K	M	B	Z	R
H	K	T	A	O	X	R	U	B	L
R	O	A	Y	O	O	N	I	G	E
B	R	M	B	C	E	L	P	P	A
A	X	H	E	X	U	P	L	Z	F
G	H	H	V	T	U	E	Z	J	Q
V	X	P	X	H	A	B	I	C	Z
F	I	S	H	T	R	N	G	O	D
U	B	A	T	C	D	X	M	P	I
C	L	O	R	I	L	G	C	K	N
S	I	J	A	L	G	Q	U	T	N
B	M	N	A	H	A	C	D	P	E
V	A	F	P	N	H	Y	C	M	R
F	B	G	V	G	C	G	W	I	P

APPLE
COOK
EAT
FISH
INDIAN

BAKE
DINNER
FALL
HOME
LEAF

A	U	L	C	W	H	F	J	N	U
S	J	T	L	O	P	Y	I	I	Q
O	V	O	X	G	H	R	W	K	L
E	N	O	B	H	S	I	W	P	V
T	E	S	R	Q	M	R	S	M	N
Y	S	B	A	E	Y	T	G	U	O
D	I	E	A	L	N	Q	W	P	V
T	O	L	V	E	A	D	B	S	X
A	O	U	R	R	W	D	V	A	A
S	T	A	E	M	A	N	H	B	U
T	P	J	N	Y	N	H	E	E	J
Y	W	R	K	A	Z	E	L	V	L
J	N	G	V	D	V	S	M	C	O
R	E	C	I	P	E	J	J	B	I

HARVEST	MEAL
MEAT	OVEN
PARENTS	PUMPKIN
RECIPE	SALAD
TASTY	WISHBONE

6

S	E	L	B	A	T	E	G	E	V	V	Y	O	U	X
Y	P	Q	U	Y	A	D	Z	L	I	A	Z	D	U
B	J	I	D	F	N	Z	L	W	X	D	I	H	F
M	F	H	J	O	K	A	I	Y	R	S	C	P	R
V	T	O	J	G	B	N	B	D	N	R	R	Q	Y
L	Y	V	U	T	F	D	A	E	G	U	H	U	V
S	U	P	O	M	Q	X	G	H	A	H	S	T	J
J	M	O	I	D	O	N	Y	G	T	T	E	V	O
X	F	O	T	G	M	X	A	T	O	G	R	E	M
M	I	C	T	G	V	P	M	P	R	P	V	L	B
S	N	F	J	X	O	G	B	A	K	Y	E	I	O
C	O	O	K	I	N	G	V	J	L	I	Y	S	K
H	W	Z	S	D	B	Y	J	Y	M	F	N	N	T
Q	M	Z	A	E	B	S	J	P	O	Y	T	H	C

COOKING

FOOTBALL

NAPKIN

THANKFUL

TOM

DAY

GRAVY

SERVE

THURSDAY

VEGETABLES

E	G	V	E	C	V	F	N	Y	A	N	H	A	T
M	S	R	P	N	R	M	R	Q	M	L	E	I	O
G	G	U	A	I	I	R	S	W	E	J	E	P	Y
M	B	Q	E	T	E	D	G	P	R	L	M	O	Z
J	C	N	R	B	I	Q	B	N	I	W	O	C	B
Y	D	O	N	M	J	T	U	W	C	O	C	U	F
S	R	A	D	Y	Z	O	U	E	A	B	A	N	D
D	R	E	T	S	A	B	R	D	B	U	A	R	R
C	G	T	X	X	D	O	G	U	E	Z	X	O	B
C	A	F	A	R	I	R	T	J	R	G	K	C	O
U	C	P	J	U	F	G	P	V	J	F	Q	D	F
P	X	E	Q	T	F	D	M	I	N	O	J	T	L
B	J	W	N	O	A	V	Y	Q	B	D	O	C	V
P	L	E	F	T	O	V	E	R	S	P	O	Y	I

AMERICA

BOWL

CRANBERRY

FRIENDS

LEFTOVERS

BASTE

CORNUCOPIA

DINE

GRATITUDE

POT

S	E	H	H	E	W	A	G	O	X	B	K	P	R	K
I	C	K	S	A	G	O	D	V	H	C	S	L	C	Z
Q	E	I	X	I	B	C	X	Q	I	R	N	A	T	D
R	I	T	M	B	F	E	K	T	Y	G	U	T	B	K
H	P	M	L	E	T	A	S	Y	Q	P	B	T	I	E
S	R	E	K	A	L	M	H	O	D	Q	E	E	N	U
A	E	H	R	E	U	T	L	H	C	E	B	R	D	Z
Q	T	Q	O	R	E	V	I	S	N	A	E	B	D	G
T	N	G	D	K	Y	Q	E	N	L	U	H	U	Z	C
X	E	J	Z	D	U	Y	U	I	G	U	U	E	O	D
W	C	M	A	S	S	A	S	O	I	T	X	X	R	N
J	O	B	Q	N	V	I	V	E	Q	W	W	K	B	H
P	G	K	X	Z	Q	D	I	C	P	M	B	Z	T	U
Y	E	A	S	D	V	O	E	Z	X	W	V	O	U	K
Q	A	B	W	R	H	W	B	W	P	Q	Q	L	A	C

ATE
BUNS
DRUMSTICK
GOBBLE
MELTING

BEANS
CENTERPIECE
FISH
MASSASOIT
PLATTER

9

V	S	S	P	B	M	J	A	A	F	N	U	N	X	I
Y	O	T	K	D	A	S	Z	M	G	S	Z	J	Y	U
Q	E	R	E	I	Y	T	E	R	U	T	L	U	C	T
D	S	T	V	E	P	J	C	T	H	J	B	H	T	D
E	U	C	M	U	W	S	G	P	T	M	R	A	A	P
G	G	B	K	X	Q	S	T	M	V	L	E	T	V	I
A	K	U	W	U	C	Q	M	N	A	R	E	F	L	L
Y	Z	V	A	H	G	Y	O	A	G	Q	M	R	Q	G
O	C	N	B	S	V	I	G	V	U	M	S	M	S	R
V	T	C	F	Z	T	M	W	Q	O	L	G	B	U	I
O	I	B	M	I	B	C	G	T	D	N	G	B	U	M
I	V	N	D	T	J	E	K	U	J	Y	A	F	P	B
J	I	A	D	G	U	L	Z	E	V	B	V	Q	R	E
U	R	D	J	Y	M	P	P	M	I	N	Q	H	H	Z
T	P	A	N	S	R	P	L	Y	M	O	U	T	H	H

CULTURE
PANS
PLYMOUTH
SQUANTO
TRADITION

GREAT
PILGRIM
SETTLERS
SWEETS
VOYAGE

10

S	C	R	W	S	E	V	I	T	A	L	E	R	N	B
C	S	S	V	C	O	L	O	N	Y	T	T	B	O	U
D	Y	E	Y	P	E	Q	N	D	J	I	P	W	I	F
P	L	O	N	M	C	G	A	S	R	N	G	R	T	F
X	A	E	A	I	E	V	O	L	M	Q	I	M	A	E
I	B	R	J	N	P	T	D	K	V	S	A	U	C	T
B	A	N	A	H	M	P	W	N	C	U	U	I	A	Y
C	R	F	U	D	I	Q	A	S	B	Z	E	Y	V	F
N	E	P	P	F	E	K	L	H	H	I	F	C	X	G
L	A	U	Z	G	P	Y	A	Z	Z	A	L	C	J	K
P	I	S	N	B	X	G	G	D	I	Z	M	N	N	N
E	V	B	X	C	C	D	G	T	P	D	T	M	W	W
L	F	T	C	X	E	Y	H	Q	K	T	A	D	A	W
B	W	G	A	M	J	Y	P	W	F	P	L	L	L	K
T	K	W	F	D	W	W	I	X	T	G	N	P	A	N

BUFFET		CARAMEL
COLONY		FAITH
FUN		HAPPINESS
LOVE		PARADE
RELATIVES		VACATION

Solutions ①

X	U	E	G	W	J	H	N	Z	F
E	K	U	N	I	F	O	R	M	K
G	S	N	T	A	V	L	E	Y	D
A	M	N	O	E	S	I	T	I	A
T	T	W	M	N	Y	D	N	A	C
H	E	B	A	U	J	A	I	W	Y
E	E	V	T	Y	T	Y	W	P	I
R	W	F	O	O	V	U	U	N	P
Z	S	Q	T	O	R	R	A	C	I
L	W	Y	P	J	M	M	K	X	W

AUTUMN
CARROT
HOLIDAY
SWEET
UNIFORM

CANDY
GATHER
NOVEMBER
TOMATO
WINTER

Solutions
②

S	S	S	E	N	D	N	L	P	A	I
N	Q	D	V	R	I	U	T	M	G	
E	X	U	O	I	M	S	N	E	N	
K	X	C	I	P	T	R	H	R		
K	A	P	K	R	J	A	M	I	V	
O	A	I	C	O	R	N	N	C	I	
W	N	E	D	M	X	E	K	A	G	
B	J	S	E	N	Y	H	L	N	P	
S	K	N	A	H	T	B	F	E	E	
A	R	E	N	I	B	G	S	N	J	
W	N	E	D	M	X	E	K	A	G	
B	J	S	E	N	Y	H	L	N	P	
S	K	N	A	H	T	B	F	E	E	
A	R	E	N	I	B	G	S	N	J	

ACORN AMERICAN
CORN DISH
GIVING NATIVE
PIE PUMPKIN
SQUIRREL THANKS

Solutions ③

E	S	S	U	D	G	C	T	D	L
D	S	H	M	C	N	M	S	E	D
N	I	O	O	E	I	N	A	S	N
G	Y	R	O	L	V	V	E	S	B
M	K	S	E	G	I	I	F	E	A
X	F	K	I	W	G	D	Z	R	I
I	A	H	R	M	S	H	A	T	G
C	D	U	C	K	K	P	A	Y	Z
I	P	I	W	O	N	M	C	M	N
F	F	D	O	T	A	T	O	P	U
A	T	R	F	H	H	R	W	S	Q
J	V	B	J	I	T	B	I	T	U
V	E	G	E	T	A	B	L	E	S
W	Q	Z	T	J	H	W	Y	I	V

CAKE
DUCK
GOOSE
HOLIDAY
THANKSGIVING

DESSERT
FEAST
HAM
POTATO
VEGETABLES

Solutions ④

E	H	V	W	K	K	M	B	Z	R
H	K	T	A	O	X	R	U	B	L
R	O	A	Y	O	O	N	I	G	E
B	R	M	B	C	E	L	P	P	A
A	X	H	E	X	U	P	L	Z	F
G	H	H	V	T	U	E	Z	J	Q
V	X	P	X	H	A	B	I	C	Z
F	I	S	H	T	R	N	G	O	D
U	B	A	T	C	D	X	M	P	I
C	L	O	R	I	L	G	C	K	N
S	I	J	A	L	G	Q	U	T	N
B	M	N	A	H	A	C	D	P	E
V	A	F	P	N	H	Y	C	M	R
F	B	G	V	G	C	G	W	I	P

APPLE	BAKE
COOK	DINNER
EAT	FALL
FISH	HOME
INDIAN	LEAF

Solutions

⑤

A	U	L	C	W	H	F	J	N	U
S	J	T	L	O	P	Y	I	I	Q
O	V	O	X	G	H	R	W	K	L
E	N	O	B	H	S	I	W	P	V
T	E	S	R	Q	M	R	S	M	N
Y	S	B	A	E	Y	T	G	U	O
D	I	E	A	L	N	Q	W	P	V
T	O	L	V	E	A	D	B	S	X
A	U	R	R	W	D	V	A	A
S	T	A	E	M	A	N	H	B	U
T	P	J	N	Y	N	H	E	E	J
Y	W	R	K	A	Z	E	L	V	L
J	N	G	V	D	V	S	M	C	O
R	E	C	I	P	E	J	J	B	I

HARVEST   MEAL

MEAT   OVEN

PARENTS   PUMPKIN

RECIPE   SALAD

TASTY   WISHBONE

Solutions

6

S	E	L	B	A	T	E	G	E	V	Y	O	U	X	
Y	P	Q	U	Y	A	D	Z	L	I	A	Z	D	U	
B	J	I	D	F	N	Z	L	W	X	D	I	H	F	
M	F	H	J	O	K	A	I	Y	R	S	C	P	R	
V	T	O	J	G	B	N	B	D	N	R	R	Q	Y	
L	Y	V	U	T	F	D	A	E	G	U	H	U	V	
S	U	P	O	M	Q	X	G	H	A	H	S	T	J	
J	M	O	I	D	O	N	Y	G	T	T	E	V	O	
X	F	O	T	G	M	X	A	T	O	G	R	E	M	
M	I	C	T	G	V	P	M	P	R	P	V	L	B	
S	N	F	J	X	O	G	B	A	K	Y	E	I	O	
C	O	O	K	I	N	G	V	J	L	I	Y	S	K	
H	W	Z	S	D	B	Y	J	Y	M	F	N	N	T	
Q	M	Z	A	E	B	S	J	P	O	Y	T	H	C	

COOKING   DAY

FOOTBALL   GRAVY

NAPKIN   SERVE

THANKFUL   THURSDAY

TOM   VEGETABLES

Solutions ⑦

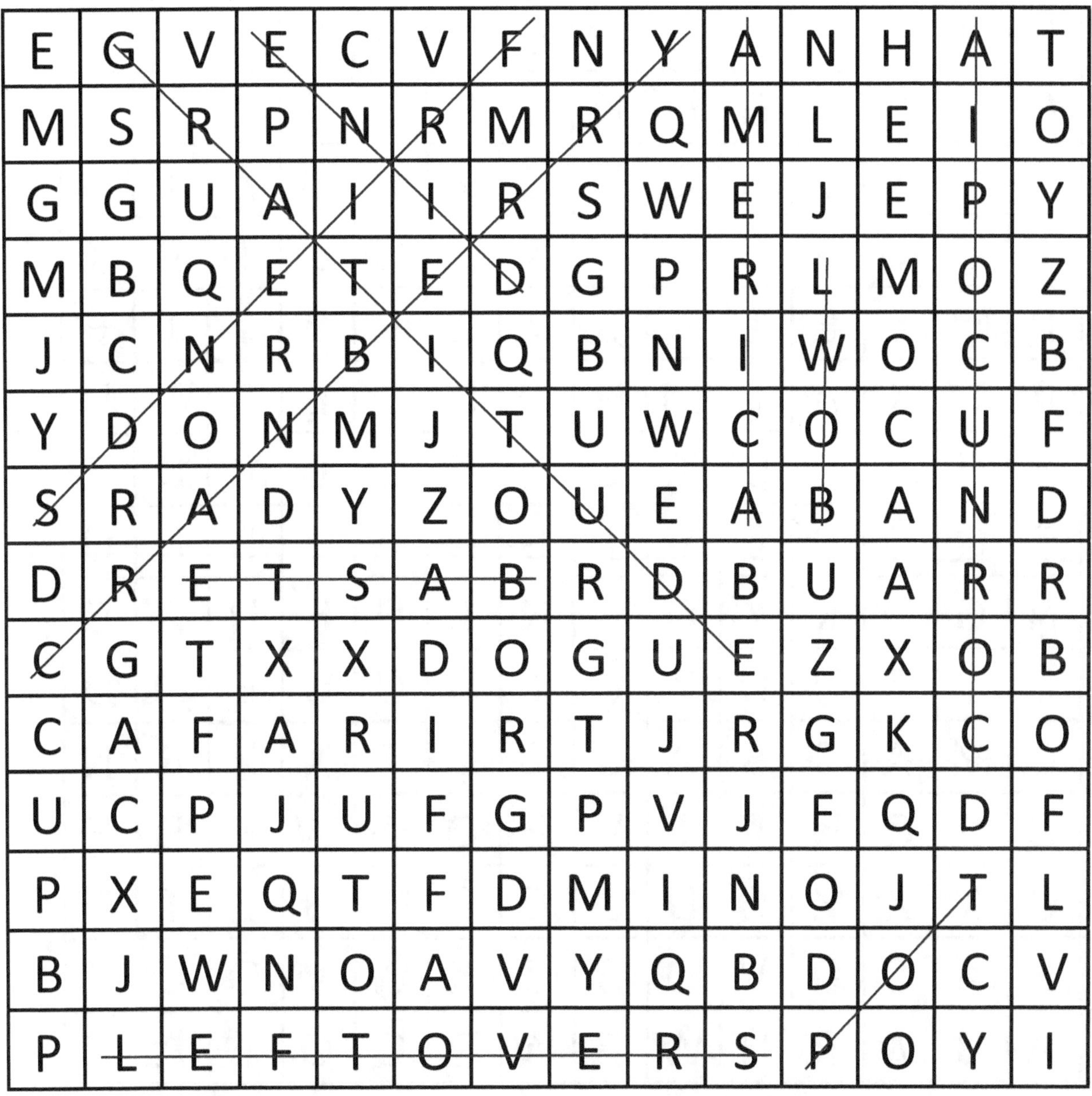

AMERICA

BOWL

CRANBERRY

FRIENDS

LEFTOVERS

BASTE

CORNUCOPIA

DINE

GRATITUDE

POT

Solutions

⑧

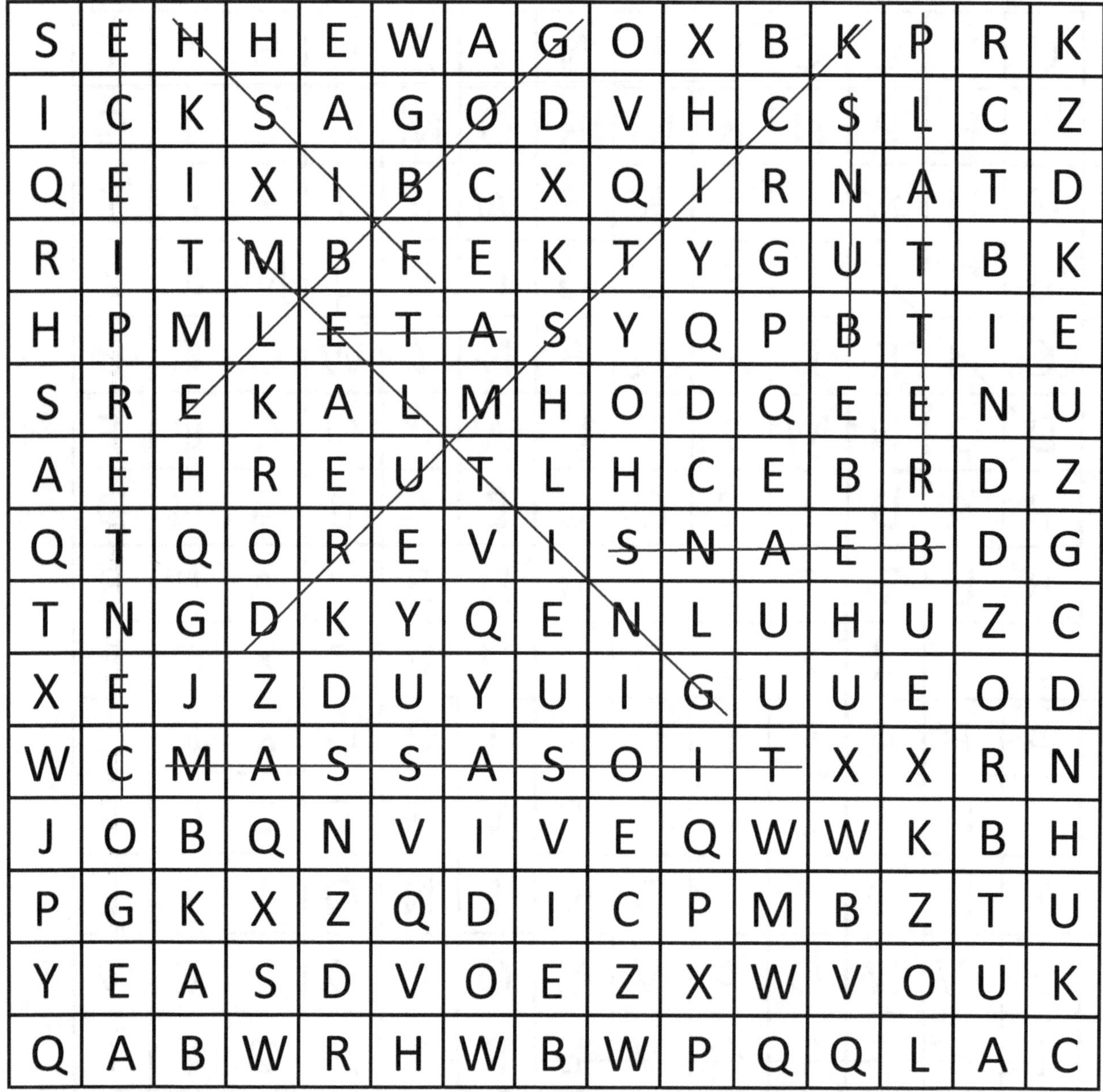

S	E	H	H	E	W	A	G	O	X	B	K	P	R	K
I	C	K	S	A	G	O	D	V	H	C	S	L	C	Z
Q	E	I	X	I	B	C	X	Q	I	R	N	A	T	D
R	I	T	M	B	F	E	K	T	Y	G	U	T	B	K
H	P	M	L	E	T	A	S	Y	Q	P	B	T	I	E
S	R	E	K	A	L	M	H	O	D	Q	E	E	N	U
A	E	H	R	E	U	T	L	H	C	E	B	R	D	Z
Q	T	Q	O	R	E	V	I	S	N	A	E	B	D	G
T	N	G	D	K	Y	Q	E	N	L	U	H	U	Z	C
X	E	J	Z	D	U	Y	U	I	G	U	U	E	O	D
W	C	M	A	S	S	A	S	O	I	T	X	X	R	N
J	O	B	Q	N	V	I	V	E	Q	W	W	K	B	H
P	G	K	X	Z	Q	D	I	C	P	M	B	Z	T	U
Y	E	A	S	D	V	O	E	Z	X	W	V	O	U	K
Q	A	B	W	R	H	W	B	W	P	Q	Q	L	A	C

ATE
BUNS
DRUMSTICK
GOBBLE
MELTING

BEANS
CENTERPIECE
FISH
MASSASOIT
PLATTER

Solutions

⑨

```
V S S P B M J A A F N U N X I
Y O T K D A S Z M G S Z J Y U
Q E R E I Y T E R U T L U C T
D S T V E P J C T H J B H T D
E U C M U W S G P T M R A A P
G G B K X Q S T M V L E T V I
A K U W U C Q M N A R E F L L
Y Z V A H G Y O A G Q M R Q G
O C N B S V I G V U M S M S R
V T C F Z T M W Q O L G B U I
O I B M I B C G T D N G B U M
I V N D T J E K U J Y A F P B
J I A D G U L Z E V B V Q R E
U R D J Y M P P M I N Q H H Z
T P A N S R P L Y M O U T H H
```

CULTURE
PANS
PLYMOUTH
SQUANTO
TRADITION

GREAT
PILGRIM
SETTLERS
SWEETS
VOYAGE

Solutions

10

S	C	R	W	S	E	V	I	T	A	L	E	R	N	B
C	S	S	V	C	O	L	O	N	Y	T	T	B	O	U
D	Y	E	Y	P	E	Q	N	D	J	I	P	W	I	F
P	L	O	N	M	C	G	A	S	R	N	G	R	T	F
X	A	E	A	I	E	V	O	L	M	Q	I	M	A	E
I	B	R	J	N	P	T	D	K	V	S	A	U	C	T
B	A	N	A	H	M	P	W	N	C	U	U	I	A	Y
C	R	F	U	D	I	Q	A	S	B	Z	E	Y	V	F
N	E	P	P	F	E	K	L	H	H	I	F	C	X	G
L	A	U	Z	G	P	Y	A	Z	Z	A	L	C	J	K
P	I	S	N	B	X	G	G	D	I	Z	M	N	N	N
E	V	B	X	C	C	D	G	T	P	D	T	M	W	W
L	F	T	C	X	E	Y	H	Q	K	T	A	D	A	W
B	W	G	A	M	J	Y	P	W	F	P	L	L	L	K
T	K	W	F	D	W	W	I	X	T	G	N	P	A	N

BUFFET

COLONY

FUN

LOVE

RELATIVES

CARAMEL

FAITH

HAPPINESS

PARADE

VACATION